# 陪孩子读山海经

# 灵草嘉木

罗曼◎编著
袁立◎绘

中国少年儿童新闻出版总社
中国少年儿童出版社
北京

# 目录


祝余 4
革荔 6
条草 8
黄雚 10
薰草 12
蓇草 14
䔄草 16
植楮 18
鬼草 20
雕棠 22
荣草 24
荀草 26
葶苧 28
焉酸 30
蓥草 32
牛伤 34
嘉荣 36
岗草 38
鸡谷 40

迷　榖　42
白　蓉　44
文　茎　46
丹　木　48
沙　棠　50
櫰　木　52
三　桑　54
芑　56
枥　木　58
芒　草　60
蒙　木　62
帝　休　64
栯　木　66
帝　屋　68
蔺　柏　70
帝女之桑　72
羊　桃　74
三珠树　76
建　木　78
扶　木　80
栾　木　82
柜格之松　84
导　读　86

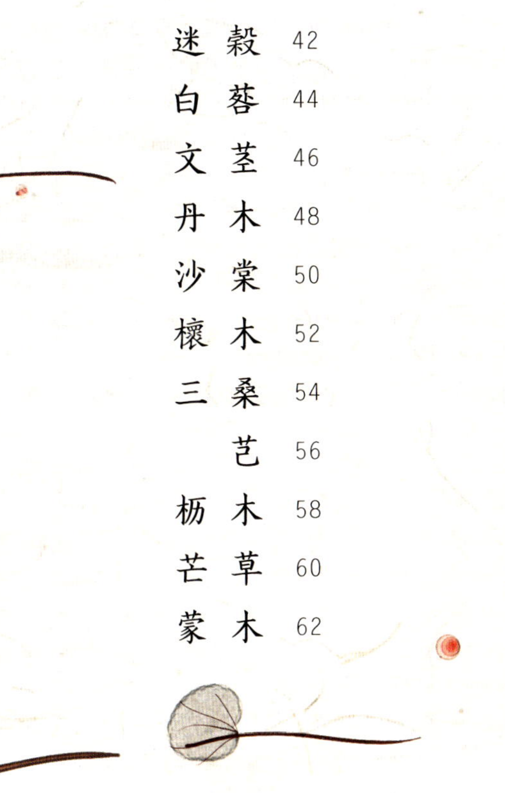
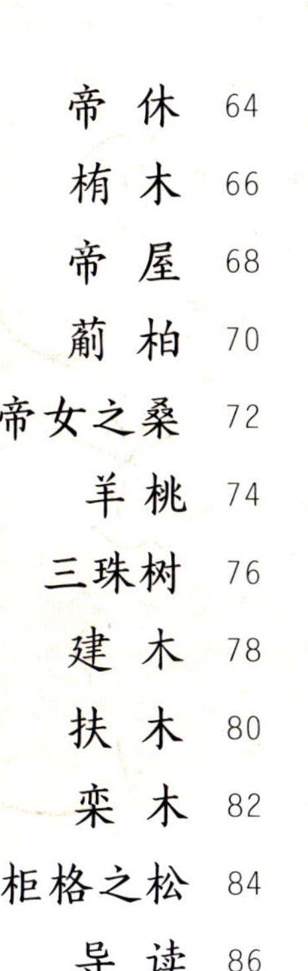
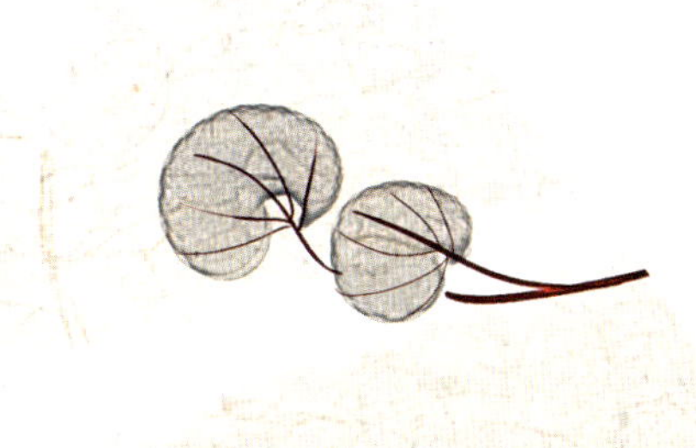

# 祝余

◎ 出自《南山经》

招摇之山，临于西海之上，

多桂，多金、玉。

有草焉，其状如韭而青华，

其名曰祝余，食之不饥。

---

华：花。

## 说文

西海岸边有一座山，名叫招摇山，山中长满了飘香的桂树，地下埋藏着很多黄金和白玉。山中还生长着一种灵草，名叫祝余。它的样子像韭菜，不过韭菜的花朵是白色的，祝余开的花却是青色的，和它的叶子一个颜色。

传说，肚子饿了的人吃下一棵祝余，就不会再有饥饿的感觉。这个能力非常实用。古时候，出门在外的人总要随身携带一些干粮，去打仗的军队更是要准备许多军粮，又沉重又不好携带。那时，他们一定希望能在人间种植很多祝余吧。

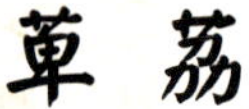

# 萆荔

◎ 出自《西山经》

小华之山，其木多荆、杞（qǐ）……

其草有萆（bì）荔，状如乌韭，

而生于石上，亦缘木而生，食之已心痛。

---

乌韭：乌蕨。 缘：沿，顺着。 已：治愈。

## 说文

小华山上长满了荆棘和枸杞，树丛中还可以找到一种名叫萆荔的灵草。它的模样像乌蕨，长着精致漂亮的羽状叶片。但是，萆荔、乌蕨和大部分植物都不一样，通常只长在石头上，偶尔也缠绕在附近树木的枝干上。

萆荔的神奇之处在于，如果有人犯心疼病，吃了它，就会立刻痊愈。直到今天，有心脏病的人都还需要定时去看医生，在家也要按时吃药，如果每座医院里都能种出一大片萆荔，该有多方便呀！

# 条草

◎ 出自《西山经》

符禺(yú)之山……其草多条，

其状如葵，而赤华黄实，

如婴儿舌，食之使人不惑(huò)。

---

**葵**：葵菜。中国古代最重要的蔬菜之一。

**惑**：迷惑。

## 说文

条草生长在符禺山中。它长得像古人经常吃的葵菜，有着近似圆形的叶片，但是葵菜开小白花，条草的花却是鲜红的。它红色的花朵凋谢后，就会长出嫩黄的果实，果子的形状很独特，就像婴儿吐出的小舌头一样。

据说，人吃了条草的果实，就不会感到迷惑。迷惑是我们在成长过程中经常会产生的一种状态，不明白一些事情究竟对还是不对，自己怎样做才是最好的。如果能在家里种一盆条草，就再也不会有这种困扰了吧？

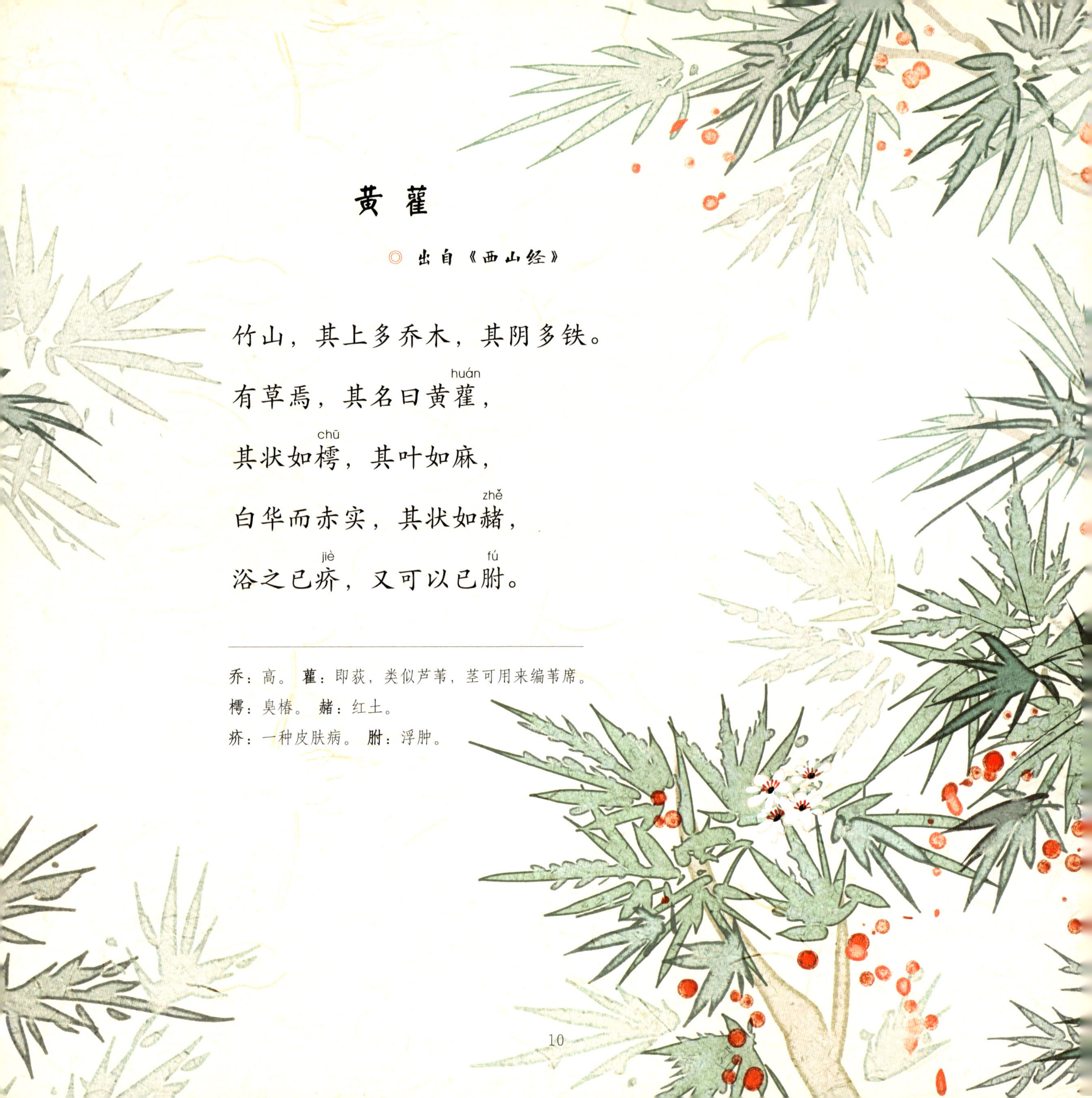

# 黄雚

◎ 出自《西山经》

竹山，其上多乔木，其阴多铁。

有草焉，其名曰黄雚(huán)，

其状如樗(chū)，其叶如麻，

白华而赤实，其状如赭(zhě)，

浴之已疥(jiè)，又可以已胕(fú)。

---

乔：高。 **雚**：即荻，类似芦苇，茎可用来编苇席。

樗：臭椿。 **赭**：红土。

疥：一种皮肤病。 **胕**：浮肿。

## 说文

竹山上长满高大的树木，山北有很多铁矿。山中生长着一种名叫黄雚的草，整个植株像幼小的臭椿，但叶子更像大麻叶，开白色的花朵，花朵凋谢后会长出红色的果实，远看就像一粒粒的红土块。

古人认为，采下黄雚的枝叶、花朵和果实浸在水里，再把水烧热倒进木盆，就可以用它做药浴，治疗疥疮和浮肿。就算是没有皮肤病的人，用这种散发着植物清香的热水来泡个澡，也是一种享受。

# 薰草

◎ 出自《西山经》

浮山……有草焉，名曰薰草，

麻叶而方茎，赤华而黑实，

臭(xiù)如蘼(mí)芜，佩之可以已疠(lì)。

---

臭：气味。　蘼芜：一种香草。

疠：癞病，即麻风病。

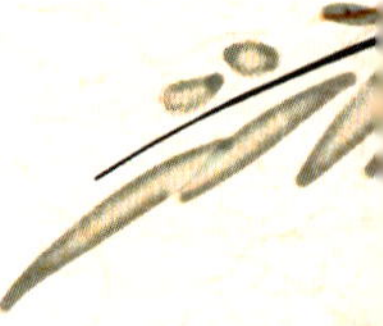

## 说文

薰草生长在浮山上。它的叶片像大麻叶，茎不是圆柱形，而是四四方方的一根，花朵是红色的，果实则是黑色，闻起来气味和蘼芜类似。据说，把它的花朵和果实采下来风干，制成香囊随身佩带，就可以治愈麻风病。

麻风病是一种古老可怕的传染病。病人的皮肤会变色肿胀，毛发也会脱落，病重的人甚至会产生身体畸形，导致残废。在古代，人一旦得了这种病，很难治愈，所以，古人才寄希望于薰草这样的神奇植物。

# 蓂草

◎ 出自《西山经》

昆仑之丘……有草焉，名曰蓂（pín）草，

其状如葵，其味如葱，食之已劳。

劳：忧愁。

说文

仙山昆仑上生长着神奇的蓂草。它也像葵菜一样，有近似圆形的叶片，但是葵菜的口感柔滑鲜嫩，蓂草的味道却像大葱，有很强的刺激性气味。

在古人看来，蓂草的味道虽然不够鲜美，服用它却能够减轻人的忧愁与烦恼。如果有谁不开心，只需要吃几口用蓂草做的菜，就能够感到轻松愉快。可惜的是，大概只有昆仑山上的神仙才能够采到它吧。

# 箨草

◎ 出自《中山经》

甘枣之山，共(gōng)水出焉，而西流注于河。

其上多杻(niǔ)木，其下有草焉，

葵本而杏叶，黄华而荚(jiá)实，

名曰箨(tuò)，可以已瞢(méng)。

---

杻：橿树。　本：植物的根茎。

瞢：视力模糊。

说文

共水从甘枣山中发源，向西流去汇入黄河。山上长满杻树，山脚生长着一种灵草，名叫箨。它的根茎像葵菜，但叶子像杏树叶，花朵嫩黄，狭长的果实就像豆荚一样。

古人经常在昏暗的油灯和蜡烛下读书，很容易得近视。他们认为，用箨草的果实入药，就能让视力恢复。在今天，随着电脑和手机的普及，近视的人就更多了。试想，如果只要一颗神奇的箨草果实，就能让人摘下眼镜，有多少人会拒绝呢？

# 植楮

◎ 出自《中山经》

脱扈(hù)之山，有草焉，

其状如葵叶而赤华、荚实，实如棕荚，

名曰植楮(chǔ)，可以已癙(shǔ)，食之不眯(mì)。

---

棕：棕榈。 **癙**：瘘疮。 **眯**：梦魇。

**说文**

脱扈山上生长着一种异草，名叫植楮。它的叶子像葵菜的圆叶，开红色的花，果实外面有硬壳，一簇簇地聚集生长，就像小小的棕榈果一样。用植楮的果子入药，可以治疗瘘疮；直接食用的话，还能够让人不做可怕的噩梦。如果我们每晚入睡前都能吃一颗植楮的果实，让自己甜甜地入睡，不用被噩梦惊醒，那该有多开心啊！

# 鬼草

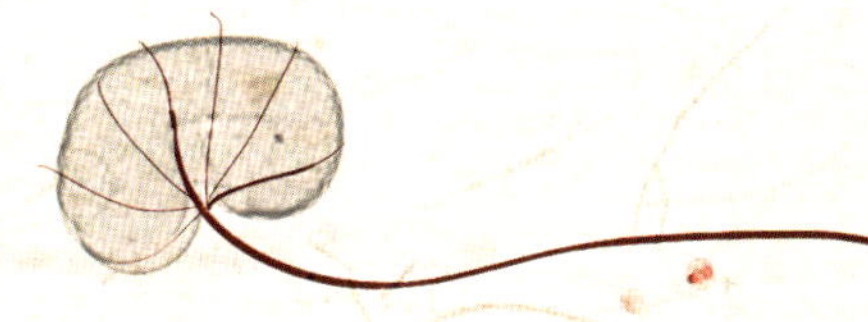

◎ 出自《中山经》

牛首之山，有草焉，名曰鬼草，

其叶如葵而赤茎，其秀如禾，服之不忧。

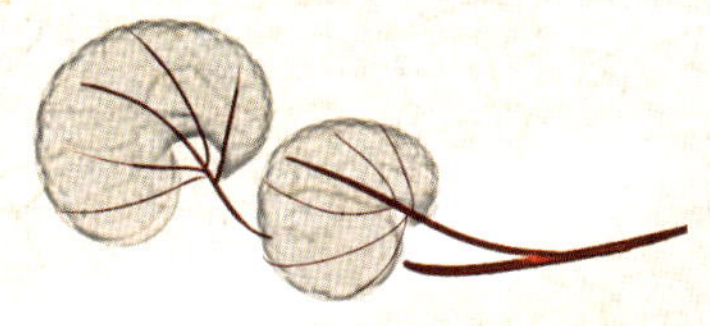

---

秀：花朵。

说文

鬼草生长在牛首山中。它的叶子和葵菜很像，枝茎是红色的，花朵小而多，密集地聚拢在花茎顶端，远看像是稻谷的花穗。

虽然名字叫鬼，但它的样子一点都不可怕，和故事里吓人的鬼更是毫无关系。相反，它还能够改善人的心情，人如果吃了这种草，就不会感到忧愁。

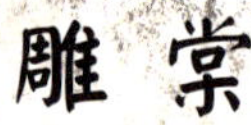

# 雕棠

◎ 出自《中山经》

阴山，多砺(lì)石、文石。

少(shào)水出焉，其中多雕棠，

其叶如榆叶而方，其实如赤菽(shū)，食之已聋。

---

砺：粗石。　菽：豆类。

**说文**

阴山上的石头大多有着漂亮的纹理，还有一些外表粗糙的，可以做成磨盘，也能够当作磨刀石来用。一条名叫少水的河流从山中发源。

山中长满了一种树，名叫雕棠。它的叶片像是榆树叶，但是形状更加方正，结出的果实像是一粒粒漂亮的红豆。这些果实不只好看，还有神奇的药用价值，耳背的人和丧失听力的人吃了它，就能像正常人一样听到声音。

# 荣草

◎ 出自《中山经》

鼓镫(dèng)之山，多赤铜。

有草焉，名曰荣草，

其叶如柳，其本如鸡卵，食之已风。

---

风：外感风邪的疾病。

## 说文

鼓镫山盛产赤铜矿，还生长着一种灵草，名叫荣草。它的叶子像柳叶一样细长，根茎部分却圆滚滚的，像一枚鸡蛋。荣草也有很高的药用价值，得了风湿、中风之类疾病的人吃了它，就能够痊愈。

春天，如果我们采几片嫩绿的新柳叶，把它们粘在一个鸡蛋上，就可以制造出一棵逼真的荣草了。不过，这当然是只能玩，不能治病的。

# 荀草

◎ 出自《中山经》

青要之山……有草焉，

其状如葌（jiān），而方茎黄华赤实，

其本如藁（gǎo）本，名曰荀草，服之美人色。

---

要："腰"的古字。 葌：兰草。 藁本：一名西芎（xiōng），可入药。

说文

荀草生长在青要山中。它粗看起来像兰草，长着细长的叶子，但是根茎又像西芎，抽出的主茎则是独特的四方形，开黄花，结红色的果实。整体来说，这算是一棵漂亮的植物。

据说，人吃了荀草，就能够变得非常好看。在《山海经》里，青要山的山神武罗就是一位牙齿洁白、腰肢纤细的美女，这大概离不开荀草的神奇功效吧。

# 葶苧

◎ 出自《中山经》

熊耳之山，其上多漆，其下多棕。

浮濠（háo）之水出焉，而西流注于洛，

其中多水玉，多人鱼。

有草焉，其状如苏而赤华，

名曰葶苧（tíngníng），可以毒鱼。

---

水玉：水晶。 人鱼：即大鲵，俗称娃娃鱼。

苏：紫苏。

## 说文

熊耳山上长满漆树，山脚下则是一片棕榈林。浮濠水从山中发源，向西流去汇入洛河，河底可以采到晶莹剔透的水晶，水中还有人鱼游动。这里的人鱼不是人身鱼尾的美人鱼，它就是一条鱼的模样，只不过长着四条腿，还会发出婴儿一样的哭声。

山中生长着一种异草，名叫葶苧。它的样子像是紫苏，长着紫色的叶片，不过，紫苏的花是粉紫色，葶苧的花却是火红的，非常艳丽。对于鱼儿来说，这种漂亮的植物是有毒的，它的汁液滴到水里，就可以把鱼毒晕；但是，这种毒素对人却是无害的，人可以放心地吃这样抓到的鱼。所以，葶苧真是渔民的好帮手呢。

# 焉酸

◎ 出自《中山经》

鼓钟之山，帝台之所以觞（shāng）百神也。有草焉，方茎而黄华，员叶而三成，其名曰焉（yān）酸，可以为毒。

---

帝台：神人之名。 觞：宴请。
员：通“圆”。 成：层。
为：治疗。

说文

在古代最高级的宴会上，都会有乐队敲响金钟，击打皮鼓，作为饮酒作乐时的配乐。神人帝台挑选鼓钟山作为宴请诸神的场所，正是因为它拥有这样一个庄严又适合的名字。

鼓钟山里还有一种名叫焉酸的灵草，它的茎是方形的，环绕着三层圆形的叶片，开黄色的花朵。焉酸生长在诸神的宴席边，因此具有神奇的力量，如果有人不幸中了毒，只要服下它，就可以恢复健康。

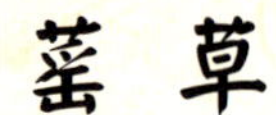

# 䔄草

◎ 出自《中山经》

姑媱(yáo)之山，帝女死焉……

化为䔄(yáo)草，其叶胥(xū)成。

其华黄，其实如菟(tù)丘，服之媚于人。

---

**胥**：相互。 **成**：层叠。 **菟丘**：菟丝子。

**媚**：欣赏。

## 说文

关于姑媱山，有一个令人伤感的传说。上古之时，天帝的女儿孤独地在这座山中死去，她的身体化作了一片灵草，就是䔄草。

䔄草的叶片密密层层，相互重叠在一起。它的花朵是嫩黄色的，结圆形的小果子，就像菟丝子玲珑的果实。据说，人如果服下䔄草的果实，就会被别人欣赏、喜爱，再也不会孤单。天帝之女的临终心愿，就这样寄托在她化作的䔄草之上。

# 牛伤

◎ 出自《中山经》

大苦之山，多㻬琈（tū fú）之玉，多麋（mí）玉。

有草焉，其状叶如榆，方茎而苍伤，

其名曰牛伤，其根苍文，

服者不厥（jué），可以御兵。

---

**㻬琈**：美玉。 **麋**：或为“瑂（méi）”，像玉的石头。
**伤**：刺。 **文**：花纹。 **厥**：闭气晕倒。

## 说文

大苦山上出产美玉，也有很多像玉一样的美石。山中生长着一种灵草，名叫牛伤。它的叶子像榆树叶，茎是方方正正的，上面还长着一些青色的刺。

牛伤的根上也布满青色的花纹，是一种有用的药材。如果闭气晕倒的人吃了它，就会好转过来。更加神奇的是，食用了牛伤根的人还不会受到兵器的伤害，可以说是刀枪不入。在使用冷兵器进行战争的古代，牛伤的这种功效大概非常令人向往吧。

# 嘉荣

◎ 出自《中山经》

半石之山，其上有草焉，生而秀，

其高丈余，赤叶赤华，华而不实。

其名曰嘉荣，服之者不（畏）霆（tíng）。

---

秀：开花。　霆：暴雷，霹雳。

## 说文

灵草嘉荣生长在半石山上。它能长到一丈多高，缀满红色的叶片，开红色的花，但是不结果实。大多数植物都需要吸收足够的养分，在合适的气候条件下才能开花，嘉荣却不受这些限制，它的嫩芽刚冒出地面，花朵就随之绽放了，随着它越长越高，花也开得越来越繁盛。

据说，人如果吃了嘉荣的花朵或者叶片，就不会害怕打雷。在雷雨天气里，害怕电闪雷鸣的小朋友，可能都需要一朵嘉荣的红花吧。

# 岗草

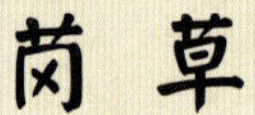

◎ 出自《中山经》

少陉(xíng)之山，有草焉，名曰岗(gāng)草，

叶状如葵，而赤茎白华，

实如蘡薁(yīng yù)，食之不愚。

---

**蘡薁**：野葡萄。

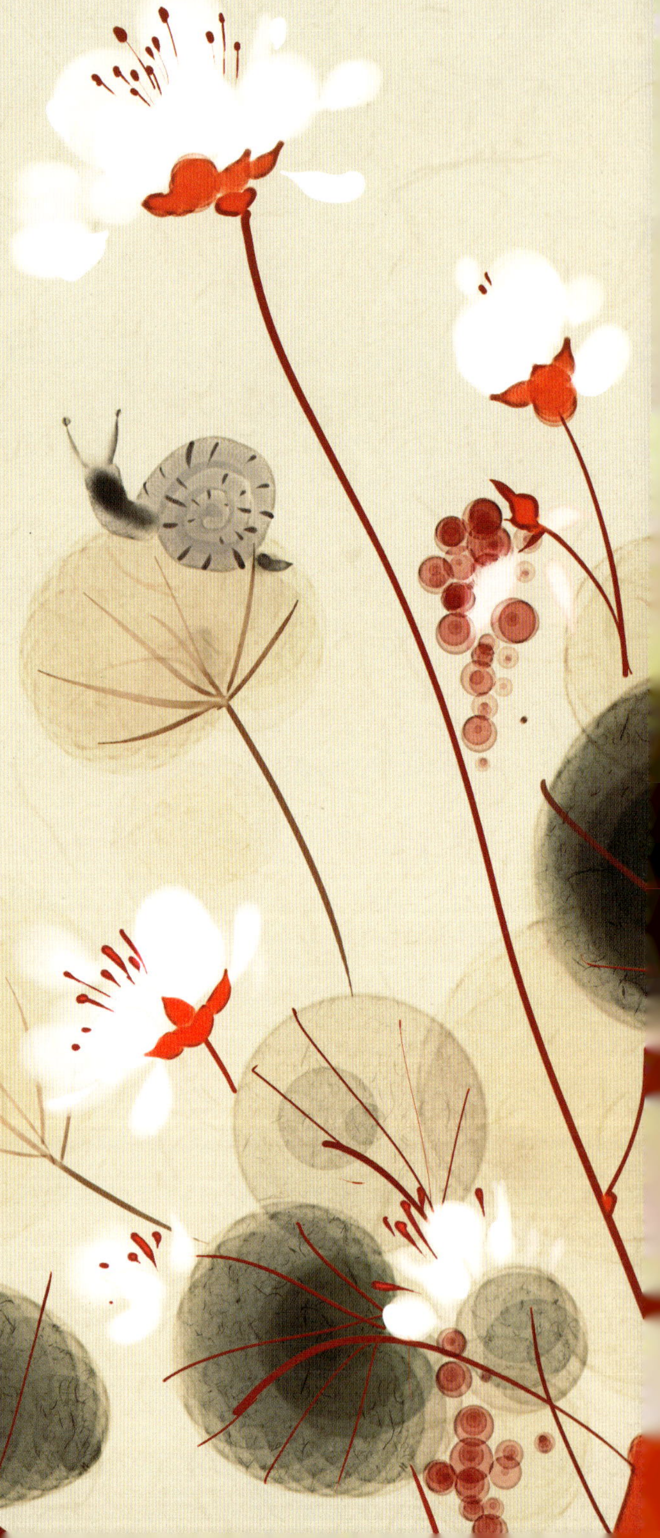

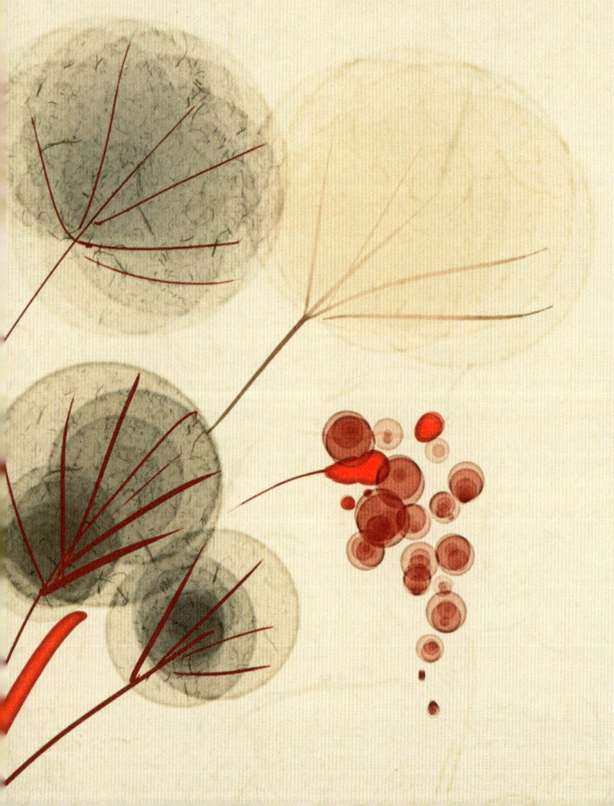

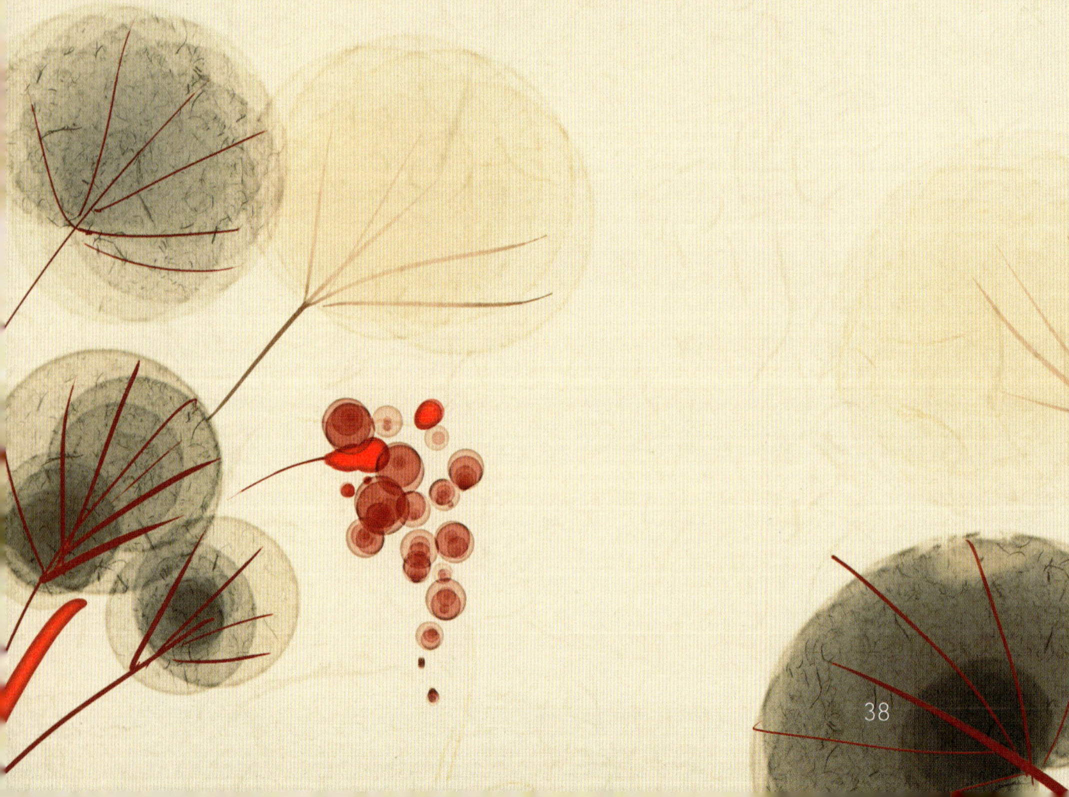

说文

少陉山中有一种灵草，名叫茵草。它的叶子近似圆形，和葵菜叶很像，茎是红色的，开白色的花，结出的果实就像一串串紫色的野葡萄，看起来十分诱人，不知道吃起来是不是也那么酸甜可口。

据说，茵草的果实有一种令人向往的神奇功效，就是让人变得聪明。如果有这样一盘果子摆在你面前，无论它滋味如何，你是不是都想多吃几颗，好让自己更加聪明呢？

## 鸡谷

◎ 出自《中山经》

兔床之山，其阳多铁，

其木多藷（shǔ）萸（xù），其草多鸡谷，

其本如鸡卵，其味酸甘，食者利于人。

---

藷：即“槠（zhū）”。槠树，别名苦栗。

萸：即“芧（xù）”。橡树。

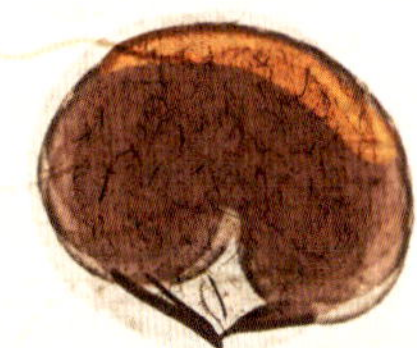

**说文**

兔床山的南部有许多铁矿，山中，槠树和橡树交错生长，形成一片广大的树林。在树林里可以捡到许多苦栗和橡果，还可以找到一种名叫鸡谷的灵草。

鸡谷的根茎部分和荣草类似，都像是一枚圆滚滚的鸡蛋。但是，荣草尝起来不知道是什么味道，鸡谷的味道却是酸甜可口的，就像李子和野葡萄一样，营养丰富，对人的身体很有好处。也有人说，鸡谷就是今天的甘薯，你们觉得这种说法对不对呢？

## 迷榖

◎ 出自《南山经》

招摇之山……有木焉，其状如榖(gǔ)而黑理，其华四照，其名曰迷榖，佩之不迷。

---

榖：构树。　华：光芒。

## 说文

招摇山上生长着一种奇树，名叫迷榖。它的样子像构树，树皮是浅灰色的，但是布满黑色的花纹。

迷榖的奇特之处在于，它是一棵会自己发光的树，光芒四射，明亮灿烂。对于在山野间赶路的人来说，到了夜晚，它就像是一个闪光的路标，指引着人们前行的方向。所以古人认为，在身上佩戴迷榖木头做的饰品，就能让人不再迷路。今天我们出远门的时候，如果也能有这样一个护身符就好了。

## 白䓘

◎ 出自《南山经》

仑者之山……有木焉，

其状如榖而赤理，

其汁如漆，其味如饴(yí)，

食者不饥，可以释劳，

其名曰白䓘(gāo)，可以血(xuè)玉。

---

饴：麦芽糖。　劳：忧愁。

血：染上光彩。

## 说文

白蓉树生长在仑者山中。它和迷榖一样，也很像构树，但树皮上的纹理是红色的，而不是黑色。在树皮上划开一个口子，就会有深色的树汁滴落下来，像漆一样，不过它非但没有刺鼻的味道，尝起来反而像麦芽糖一样甘甜。

白蓉的树汁有很多用处。饥饿的人只要喝上几口树汁，就会感到精力充沛。由于它的味道甜美，据说也可以让喝它的人心情愉快，不再忧愁，就像我们今天吃了巧克力一样。如果把它涂抹在玉石上，还能让玉石更加润泽美丽。这么神奇的树，谁不想在家里种上一棵呢？

# 文茎

◎ 出自《西山经》

符禺(yú)之山，其阳多铜，其阴多铁。

其上有木焉，名曰文茎，

其实如枣，可以已聋。

说文

符禺山的南面有很多铜矿，北面则多是铁矿。山里还生长着一种独特的树，名叫文茎。文茎的果实像枣一样，药用价值则和雕棠果很像，耳聋的人吃了它，就可以重获听力。

在医学发达的今天，很多老人仍然被听力退化所困扰着。如果像古人所想象的，吃几颗果子就能让自己耳聪目明，该是多方便、多开心的事情呀！

# 丹木

◎ 出自《西山经》

峚(mì)山，其上多丹木，

员叶而赤茎，黄华而赤实，

其味如饴(yí)，食之不饥。

……玉膏所出，以灌丹木，

丹木五岁，五色乃清，五味乃馨。

---

灌：浇水。 五色：青、黄、赤、白、黑五种颜色。
五味：酸、辛、甘、苦、咸五种滋味。 清：鲜明。

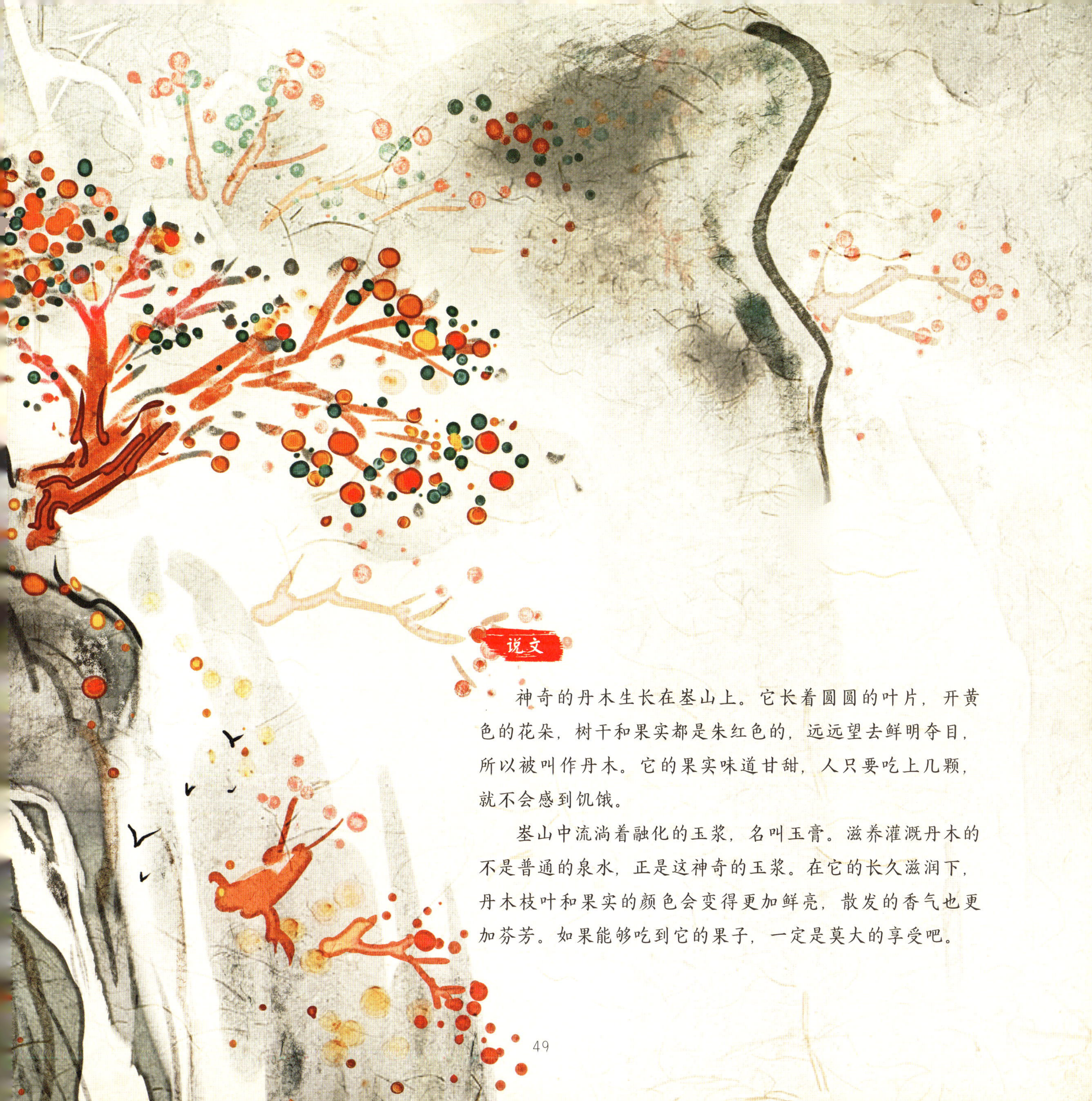

## 说文

神奇的丹木生长在峚山上。它长着圆圆的叶片，开黄色的花朵，树干和果实都是朱红色的，远远望去鲜明夺目，所以被叫作丹木。它的果实味道甘甜，人只要吃上几颗，就不会感到饥饿。

峚山中流淌着融化的玉浆，名叫玉膏。滋养灌溉丹木的不是普通的泉水，正是这神奇的玉浆。在它的长久滋润下，丹木枝叶和果实的颜色会变得更加鲜亮，散发的香气也更加芬芳。如果能够吃到它的果子，一定是莫大的享受吧。

# 沙棠

◎ 出自《西山经》

昆仑之丘……有木焉，其状如棠，

黄华赤实，其味如李而无核，

名曰沙棠，可以御水，食之使人不溺(nì)。

---

棠：棠梨。　溺：被水淹没。

## 说文

沙棠树生长在昆仑仙山上。它的样子像棠梨树，不过棠梨开白花，沙棠花却是黄色的。沙棠的果实倒是和棠梨果一样，都是红色的，但是比棠梨果要好吃多了，它没有核，味道尝起来像酸酸甜甜的李子。

沙棠的神奇之处，在于它有避水的能力。沙棠木的质地特别轻，不会沉到水里，用它造出的船永远不会沉没。更神奇的是，人吃了沙棠的果子，身体也会变得很轻巧，就算不当心掉到水里，也不会沉下去。对于不会游泳的人来说，这可真是太有用了。

# 櫰木

◎ 出自《西山经》

中曲之山……有木焉，其状如棠，

而员叶赤实，实大如木瓜，

名曰櫰(guī)木，食之多力。

## 说文

中曲山上生长着一种奇树，名为櫰木。它长得也像棠梨树，但叶子是圆形的，果实虽然也是红色，却比棠梨果大得多，差不多和木瓜一样大。

古人认为，人吃了櫰木的果子，就能变成大力士。如果他们看到今天的举重运动员们，大概会想，这些人一定都吃过很多这种果实吧。

# 三桑

◎ 出自《北山经》

流沙三百里，至于洹（huán）山，其上多金、玉。

三桑生之，其树皆无枝，其高百仞（rèn）。

百果树生之。其下多怪蛇。

◎ 亦见《海外北经》

三桑无枝……其木长百仞，无枝。

---

仞：古代长度单位。周代一仞为八尺，汉代为七尺。

说文

洹山坐落在一片遥远的大沙漠中，从沙漠的边缘出发，要走三百里路才能到达山下。但是，如果有人能够穿越沙漠，就会发现山中满是黄金和美玉，对艰难跋涉的探险家而言，这无疑是一份意外的奖励。

三桑就生长在洹山上。所谓三桑，是三棵高大的桑树，它们没有一根树枝，树干笔直地向上伸展，高七八百尺。三桑树下果树丛生，各种水果应有尽有，但是林间有许多怪蛇出没，想去采果子的人一定要当心了。

# 芑

◎ 出自《东山经》

东始之山，上多苍玉。

有木焉，其状如杨而赤理，

其汁如血，不实，其名曰芑(qǐ)，可以服马。

芑：通“杞”。 服：驯服。

## 说文

东始山上能够开采到许多青玉，还生长着一种特有的树木，叫作芑树。它的样子和杨树很像，不结果实，但是树身遍布红色的纹理，如果在树皮上划开一道口子，滴下的树汁也殷红如血。

在今天，赛马的骑手会给自己的马匹喂食苹果和糖块，作为完成训练的奖励。不过，如果谁家里有一棵芑树，就可以使用它的树汁了。据说，把芑树汁涂在马身上，马就会格外听话，训练起来也就事半功倍了。

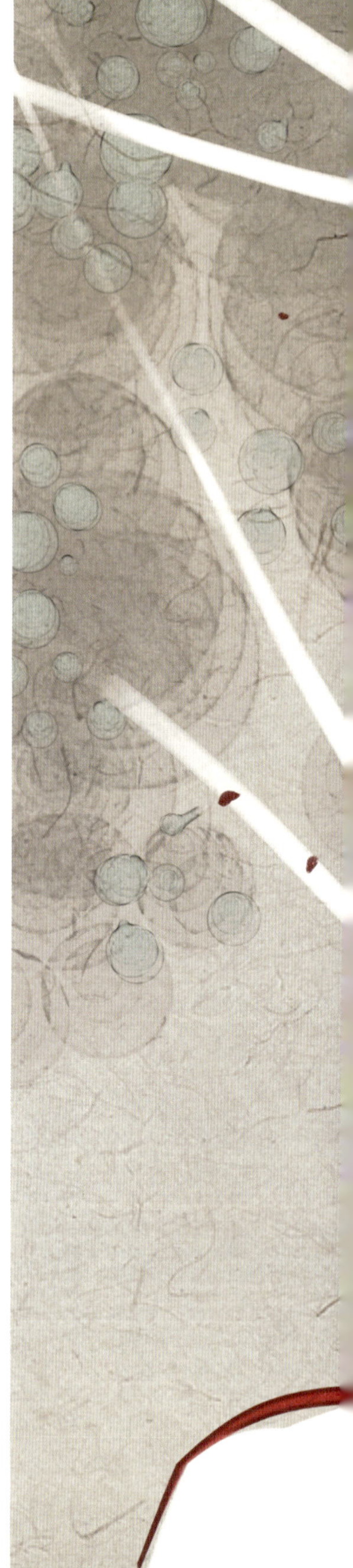

# 枥木

◎ 出自《中山经》

历儿之山，其上多橿（jiāng），多枥（lì）木，

是木也，方茎而员叶，黄华而毛，

其实如楝（liàn），服之不忘。

---

**橿**：一种木质坚韧的树。 **楝**：苦楝树。

## 说文

历儿山上生长着木质坚韧的橿树，还有一种奇特的枥树。枥树的树干是方形的，一层层圆形叶片中间点缀着黄色的花朵，花瓣上满是细细的茸毛。它的果实圆润光滑，和苦楝树的果实相似，远远看去就像挂在树上的一个个小铃铛。

枥树的果子不只长得可爱，还有一种人们梦寐以求的神奇功效。人吃了它，就能够头脑清晰，过目不忘。对于要背很多书的学生来说，如果每场考试前都能吃到一颗枥树的果子，该是多幸运的事情呢？

# 芒草

◎ 出自《中山经》

jiān
葌山，葌水出焉，而北流注于伊水，

其上多金、玉，其下多青、雄黄。

有木焉，其状如棠而赤叶，名曰芒草，可以毒鱼。

---

**葌**：兰草。　**青**：石青，一种矿物，可入药、制作颜料。

## 说文

葌山这个名字的由来，或许是因为山里长着许多兰草。从山中发源的河流叫作葌水，它带着兰草的香气，向北流去汇入伊水。这座山的物产也很丰富，山上可以开采黄金和白玉，山脚下则有许多空青和雄黄。

芒草就生长在葌山中。虽然名字叫草，其实是一种树，看起来很像棠梨，叶子却是鲜红的。和葶苧一样，芒草的汁液里也含有轻微的毒素，而且这毒素只对鱼起作用。古代渔民在捕鱼的时候，如果找不到葶苧，有芒草也是一样的。

# 蒙木

◎ 出自《中山经》

放皋(gāo)之山，明水出焉，

南流注于伊水，其中多苍玉。

有木焉，其叶如槐，黄华而不实，

其名曰蒙木，服之不惑。

## 说文

明水从放皋山中发源，向南流去汇入伊水，水底铺满青色的玉石，在阳光下非常美丽。山间生长着许多蒙木，它的树叶像槐叶，开黄花，但是花谢之后不结果子。

我们已经知道，食用条草的果实能够让人不再感到迷惑。蒙木虽然不结果，却也拥有这种神奇的功效。如果有人吃下它的花朵或者叶子，和吃一颗条草果实的功效是一样的。

## 帝休

◎ 出自《中山经》

少室之山，百草木成囷(qūn)。
其上有木焉，其名曰帝休，
叶状如杨，其枝五衢(qú)，
黄华黑实，服者不怒。

---

**囷**：圆形的粮仓。 **衢**：树枝交错分杈。

## 说文

少室山中草木众多，生长繁茂，挨挨挤挤，远看就像一座用树枝和藤蔓搭成的巨大圆形谷仓。山中有一种奇树，名叫帝休。它的树枝向五个方向分杈伸展，彼此交错，令树冠看起来非常饱满，叶片像杨树叶，开黄花，结黑色的果实。

帝休的果实看起来不起眼，功效却非常神奇。人吃了它，就会心平气和，不再发火。在日常生活中，爱生气的人就像一个随时会爆炸的火药桶，一旦发起火来，就会影响周围所有人的心情。如果每个这样的人都能够吃一颗帝休的果子，我们的生活环境一定会变得非常平静、祥和。

# 榆木

◎ 出自《中山经》

泰室之山，其上有木焉，

叶状如梨而赤理，

其名曰栯(yǒu)木，服者不妒。

**说文**

栯木生长在泰室山中。它的叶子像梨树叶，但上面布满了红色的花纹。如果人吃了它，就不会嫉妒别人。

嫉妒是一种非常不好的情绪，爱嫉妒的人一旦发现自己哪里不如别人，就会想办法贬低、打击对方。长此以往，自己会变得更加小心眼，对别人也会造成很大的伤害。古人早就意识到这种情绪的坏处，才会想象出栯木这样的神奇植物，希望它能让嫉妒轻易地消失，这样就没有人会受伤了。

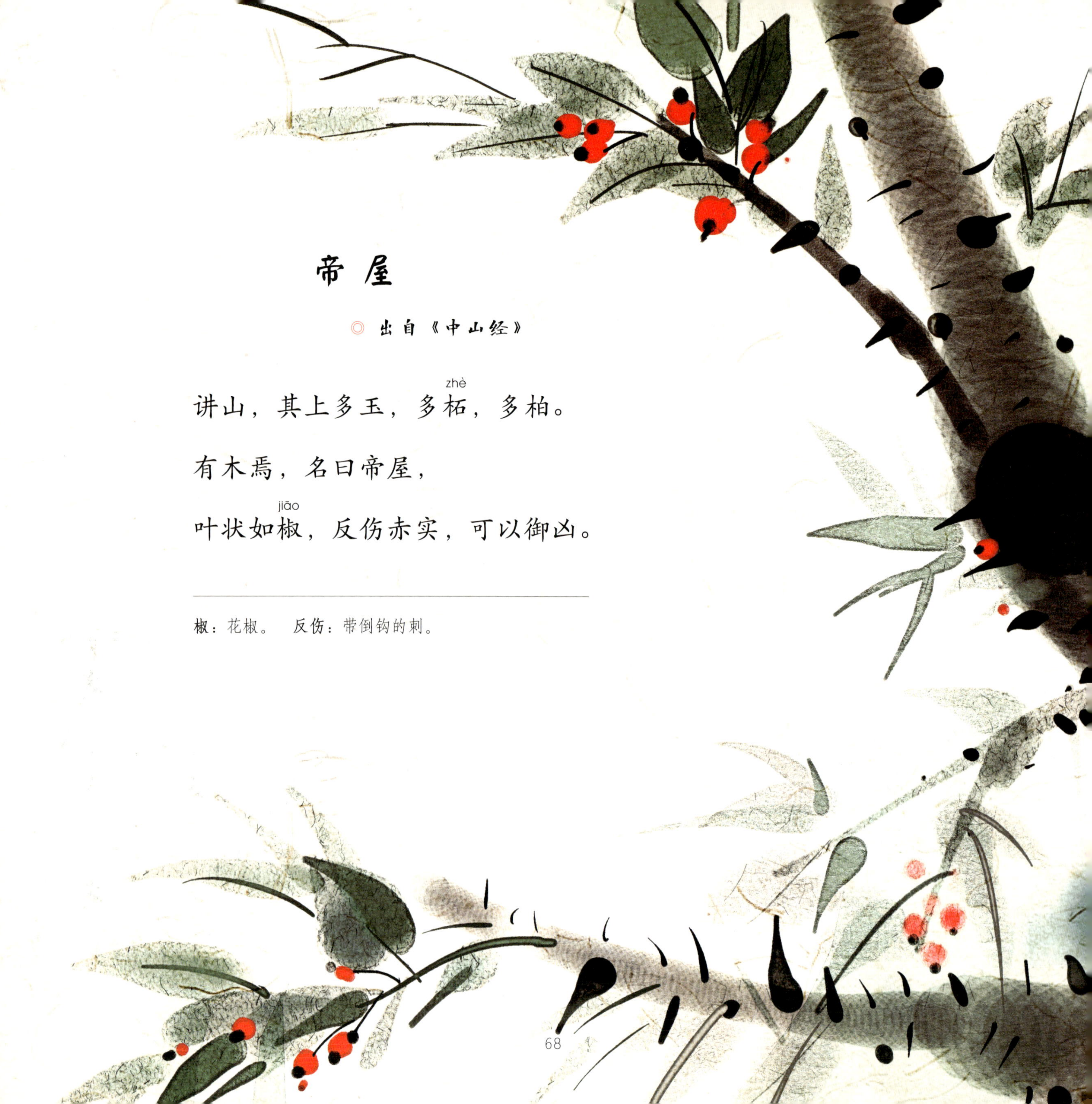

# 帝屋

◎ 出自《中山经》

讲山，其上多玉，多柘（zhè），多柏。

有木焉，名曰帝屋，

叶状如椒（jiāo），反伤赤实，可以御凶。

---

椒：花椒。 反伤：带倒钩的刺。

说文

讲山中盛产美玉，也生长着许多柘树和柏树。还有一种奇树，名叫帝屋。它的叶子很像花椒树的叶片，枝干上布满小刺，每根刺的尖端都形成向下的倒钩。

帝屋虽然带刺，但它并不像外表看起来那样危险。它和桃树、柳树一样，都被看作辟邪的灵木。如果把帝屋红色的果实做成手串或者香囊，佩戴在人的身上，就可以祛除凶祟。

# 葪柏

◎ 出自《中山经》

敏山，上有木焉，

其状如荆，白华而赤实，

名曰葪（jì）柏，服者不寒。

## 说文

葥柏生长在敏山上，样子像荆棘，但是开白花，结红色的果实，比荆棘漂亮多了。

葥柏不只漂亮，也是一种非常神奇有用的树。人吃下它的果实，就不会感到寒冷。试想，如果我们在冬天吃一颗葥柏的果子，就不用裹着厚厚的羽绒服出门了，这该有多方便呢？那些住在寒冷地区的人，一定都想在自家院子里栽一棵葥柏吧。

# 帝女之桑

◎ 出自《中山经》

宣山，沦水出焉，

东南流注于视水，其中多蛟。

其上有桑焉，大五十尺，

其枝四衢(qú)，其叶大尺余，

赤理黄华青柎(fū)，名曰帝女之桑。

---

柎：花萼。

## 说文

沦水从宣山中发源，向东南方流去，汇入视水。水中生活着许多蛟龙，可见这里是一片充满灵气的土地。

神树帝女之桑就生长在宣山上。这是一棵非常巨大的桑树，树干的直径有五十尺那么宽，每片叶子的长度也都超过一尺。树枝四通八达，尽情生长，形成繁茂的树冠。它的树身遍布红色的纹理，青色的花萼上托着黄色的花朵，虽然巨大，却是一棵相当漂亮的树。

传说，上古时候，赤帝的女儿曾经在这棵树上修炼仙术，后来又在赤帝燃起的神火中升上天宫。这棵大桑树同样沐浴在火焰中，却没有被焚毁，可见它十分神奇，于是人们就叫它帝女之桑。

# 羊 桃

◎ 出自《中山经》

丰山……其木多桑，多羊桃，状如桃而方茎，可以为皮张。

---

皮张：皮肤上的肿块。张，通“胀”，浮肿。

说文

丰山上生长着许多桑树和羊桃树。羊桃的样子就像普通的桃树，只不过树干是方形的。

在古代，羊桃还有一个别名，叫作鬼桃，不过它一点也不诡异可怕，还有一定的药用价值。据说，用它的花果和树皮，可以治疗人皮肤上长的肿块，让皮肤重新变得光滑起来。

# 三珠树

◎ 出自《海外南经》

三珠树在厌火北，生赤水上，

其为树如柏，叶皆为珠。

一曰其为树若彗(huì)。

彗：扫帚。

说文

珍奇的三珠树生长在厌火国的北方，赤水之畔。它的样子就像柏树，但是不同于柏树扁平鳞片状的叶子，三珠树的每片叶子都像一颗珍珠。也有人说，三珠树的样子像是一把倒立的扫帚，树冠上缀满明珠。

传说，上古之时，黄帝曾在赤水北岸游玩，丢失了一件叫作玄珠的宝物。或许可以猜想，玄珠被遗落之后，逐渐被埋入土中，三珠树就是从这里生根发芽的，不然为什么能够结出这样多的明珠呢？

# 建木

◎ 出自《海内南经》

有木，其状如牛，

引之有皮，若缨(yīng)、黄蛇。

其叶如罗，其实如栾(luán)，

其木若苉(fū)，其名曰建木。

在窫(yà)窳(yǔ)西弱水上。

◎ 亦见《海内经》

有木，青叶紫茎，

玄华黄实，名曰建木，

百仞无枝，有九欘(zhú)，下有九枸(gōu)，

其实如麻，其叶如芒。

大(tài)皞(hào)爰(yuán)过，黄帝所为。

---

**缨**：装饰用的穗子。 **罗**：轻而薄的丝织物。 **栾**：栾树。

**苉**：刺槐。 **窫窳**：同“猰貐”，传说中的食人怪兽，住在弱水中。

**欘**：树木弯曲处。 **枸**：树根盘曲。 **大皞**：即“太昊”，伏羲。

**爰过**：从这里经过。 **为**：制作。

说文

建木生长在遥远的弱水岸边，龙头怪兽窫窳的栖息地附近。这是一种非常奇特的树。它的样子像是一头牛，用手去抚摩树干，会捋下一条条树皮，像丝质的穗子，远看又像黄蛇。它的树干像刺槐，叶片像丝绸一样又轻又薄，果实挂在枝头如同红色的小灯笼。

在另一个传说里，建木是一棵树干盘曲的通天神树，它没有树枝，树顶有盘曲的枝丫，树底有盘旋交错的根节。紫色的叶柄直接从树干上伸出，托着芒草一样的青色叶片，花朵是黑色的，结麻子一样的黄色果实。这棵建木是天地之间的一道梯子，伏羲、黄帝等历代天帝都经由这里往返于天界和人间。

# 扶木

◎ 出自《大荒东经》

大荒之中……上有扶木，

柱三百里，其叶如芥（jiè）。

有谷曰温源谷。汤谷上有扶木。

一日方至，一日方出，皆载于乌。

◎ 亦见《海外东经》

汤谷上有扶桑，十日所浴……

居水中，有大木，

九日居下枝，

一日居上枝。

---

扶木：扶桑树，传说太阳升起的地方。 柱：高度。 芥：芥菜。
乌：神话中栖息在太阳里，有三只爪子的乌鸦。 汤：热水。

## 说文

在遥远的大荒之地的最东边有一座山谷，名叫温源谷，又叫汤谷，山谷里满是热气腾腾的温泉。神树扶木就生长在山谷中间。扶木是一株参天的大树，高度达到三百里，叶子青翠宽阔，像芥菜叶。它的另一个名字是扶桑。

汤谷和扶木一带，是太阳每天升起的地方。太阳神羲和生下的十个太阳会在温泉里洗澡，然后依次登上三足金乌的背，由东向西飞过整片天空。每天清晨，准备出发的那个太阳会在扶木最高的树枝上等待金乌，其余的太阳没事可做，就在比较低的树枝上休息。每个太阳只需要工作一天，就可以休息九天，休息时还可以随意泡温泉，是不是很令人羡慕呢？

## 栾木

◎ 出自《大荒南经》

大荒之中……有云雨之山，有木名曰栾。

禹攻云雨，有赤石焉生栾，

黄本，赤枝，青叶，群帝焉取药。

---

攻：开凿。 焉：于此，在这里。

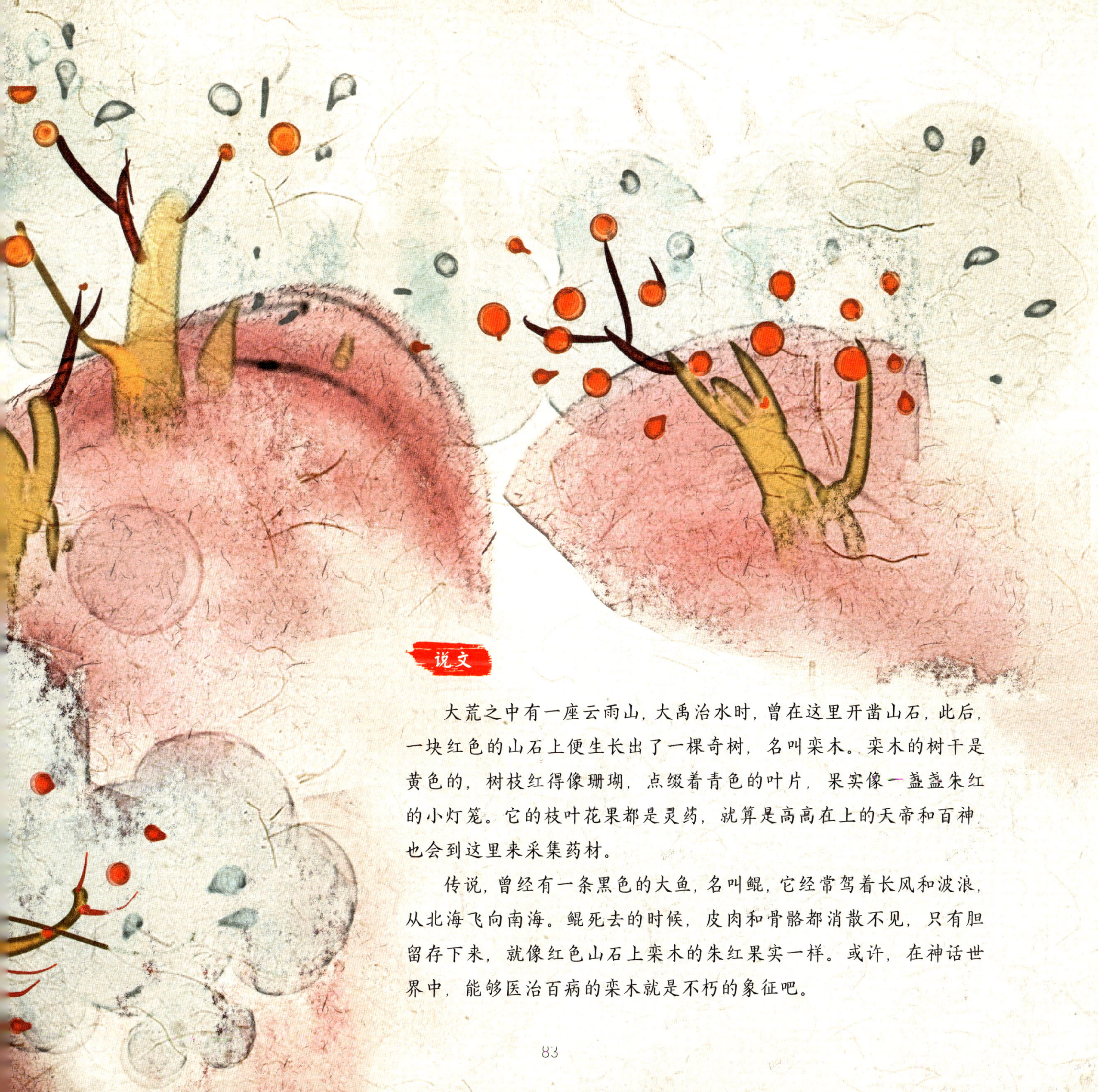

## 说文

大荒之中有一座云雨山，大禹治水时，曾在这里开凿山石，此后，一块红色的山石上便生长出了一棵奇树，名叫栾木。栾木的树干是黄色的，树枝红得像珊瑚，点缀着青色的叶片，果实像一盏盏朱红的小灯笼。它的枝叶花果都是灵药，就算是高高在上的天帝和百神，也会到这里来采集药材。

传说，曾经有一条黑色的大鱼，名叫鲲，它经常驾着长风和波浪，从北海飞向南海。鲲死去的时候，皮肉和骨骼都消散不见，只有胆留存下来，就像红色山石上栾木的朱红果实一样。或许，在神话世界中，能够医治百病的栾木就是不朽的象征吧。

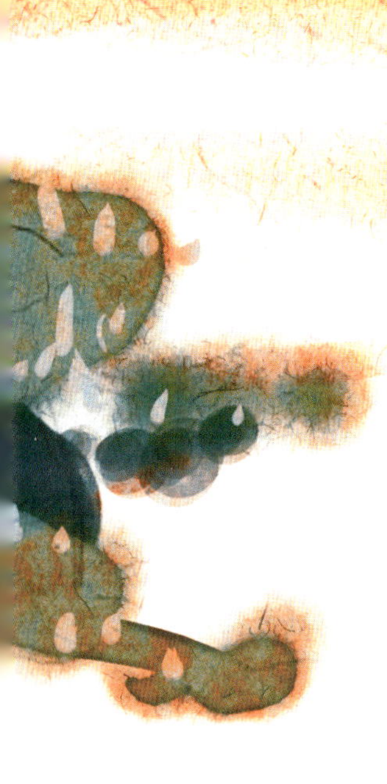

# 柜格之松

◎ 出自《大荒西经》

西海之外，大荒之中，

有方山者，上有青树，

名曰柜（jǔ）格之松，日月所出入也。

**说文**

在西海外的大荒之地中，有一座方山。山上生长着一株青色的大树，名叫柜格之松。它像柜柳一样美丽，格木一样常青。传说，太阳和月亮都在柜格之松上升起，又在此处落下。

也有神话说，太阳是从扶木的树枝上升起的。不知道在广大的古代神话世界里，究竟有多少这样高大、美丽，又能够承载日月的神树呢？

导读

# 怎样陪孩子读《山海经》

《山海经》是我国最早的一部博物学经典，是古人认识世界的一个海量信息库，集神话、天文、矿物、植物、动物、风俗等内容于一身，琳琅满目、异彩纷呈，时而古朴、时而奇诡、时而怪诞、时而浪漫……虽吉光片羽，却光怪陆离、耀眼夺目。

《山海经》历经千年，却总能在历史和当下找到读者，但原著芜杂、零散、古奥，像一个品类超级丰富的菜市场，要变成勾起孩子食欲的美味佳肴，需要精心选材、搭配、烹饪、摆盘。为此，我们推出了这套适合青少年口味的“陪孩子读山海经”系列，希望带给孩子舒适的阅读体验，带他们真切感受古人的想象力、自然观和留给我们的丰厚精神财富。

在生产力低下的洪荒时代，古人对无法理解的世界借助想象力给出了自己的解释。古人认为万物有灵，所以才有了那么多浪漫的神话，古人相信精神的力量不可战胜，于是有了夸父追日、精卫填海、刑天舞干戚；古人信奉天人合一，才有“都广之野”的鸾鸟自歌、凤鸟自舞，百兽相群爰处的人间沃土……

相信这些人文养料会不断滋养孩子，让他们孤单时得到慰藉，困顿时被激励，疲惫时有依靠。

简而言之，本系列有如下两大特点：

一、立足原文，选材原汁原味，视野开阔，立体化呈现。结构上，由孩子感兴趣、易理解的四条主线贯穿——山川神灵、珍禽奇兽、灵草嘉木和异民珍物。内容编排上，精选的原文短小，兼具故事性和趣味性，生僻字注音、注释，扫清阅读障碍。文本解读上，作者旁征博引，或扩充人文知识，或联系生活、启发思考，处处在为孩子开山引路。比如“嫦娥”与“常羲”是什么关系，夏朝的第二任君主“启”为什么在汉代被叫“开”，等等。

二、图文高度契合，画面赏心悦目，让孩子看见古人汪洋恣肆的想象力。受识字量、阅历所限，孩子与古文之间总有隔阂，但高品质的画面可以打破这一障碍，让文字瞬间变得可视可感。绘者在创作过程中揣摩古人思维，吸收传统绘画之精华，借鉴现实世界的造型，融合古今，画面或大气磅礴，如雷神、开明兽，或温柔婉约，如山神武罗、娥皇、女英；色彩时而浓烈、时而清雅，在多种风格之间从容切换，充满了极强的艺术感染力。

作为家长，怎样陪孩子读《山海经》呢？

用画面细节留住孩子的目光。家长可以先用“说文”部分的故事吸引孩子的注意力，引导他们观察画面，找找太阳女神羲和有几个孩子，开明兽是不是有九个脑袋，条草的果实像不像小舌头，薰草的花是不是红的、果实是不是黑的，氐人国与安徒生童话里的美人鱼有哪些相似之处……相信，您和孩子一定会有很多有趣的发现。

熟读原文培养孩子的语感。《山海经》文字朴实、简洁、画面感极强，

虽寥寥数语，却能营造一种大自然或清新、或神秘的氛围，这对孩子学习语言非常有帮助。如“欧丝之野……一女子跪据树欧丝”，这里的“欧”通“呕”，意思是野外一女子在树旁吐丝。十几个字，一个像蚕宝宝一样的女子劳作的情景便跃然纸上。鼓励孩子朗读、熟读，可以按书中的顺序，也可以挑自己感兴趣的篇目，坚持一两个月，必有收获。如果有小伙伴一起读，效果更好。

用思维拓宽孩子的认知。孩子可以试着回答“说文”部分提出的问题，或根据自己的兴趣选取女神、英雄、飞禽、走兽、异民等主题，进行内容的梳理和总结，可以参考我们附赠的小册子，提出自己的问题，想想为什么很多神灵都与龙为伍、与蛇相伴？为什么会有那么多怪物出现，古人经常会出现什么病症，你觉得书中记载是真实的还是想象的？说不定孩子会由此推开神话学的大门。

用或写或画的方式鼓励孩子打通古今。家长可以鼓励孩子设计自己心中的山海世界，可以是天马行空的想象，也可以将想象与现实结合，对自己生活的小区、居住的城市、省份进行考察与设计，模仿《山海经》中的句式描述身边的植物、动物、生活环境，甚至构思当下的神话故事。

总之，“陪孩子读山海经”系列给孩子提供了多个阅读的角度，家长可以作为引导者、陪伴者，也可以作为独立的欣赏者。请您带上好奇心，翻开这套小书，进入先民亦真亦幻的瑰丽世界吧。

史钰

## 作者

周剑之　毕业于北京大学，古代文学博士，现为北京师范大学文学院副教授，硕士生导师，在古典文学的世界浸润多年。开设中国古代散文研究、欧苏文导读、《文选》精读等课程。爱读诗词，爱读绘本，尤其享受每天陪娃读书的美好时光。

尧　立　职业插画师，毕业于清华美院中国画专业，主要作品有《浮生六记》《秋灯琐忆》《词牌美人》《新猎物者》等，绘本有《我的老师》《天局》《梅花三弄》《广陵散》（荣获“第十八届中国动漫金龙奖绘本金奖），“陪孩子读小古文”系列（荣获2021年度冰心图画书奖）。

## 审定

方　麟　北京大学中文系古典文献硕士、博士，清华大学国学研究院哲学博士后，北京教育学院中文系副教授。现任中国教育学会传统文化分会常务理事，全国国学素养水平测试专家委员会副主任。

**图书在版编目（CIP）数据**

陪孩子读山海经．灵草嘉木／罗旻编著；尧立绘．—北京：中国少年儿童出版社，2022.10
ISBN 978-7-5148-7671-0

Ⅰ．①陪… Ⅱ．①罗… ②尧… Ⅲ．①历史地理－中国－古代②《山海经》－儿童读物 Ⅳ．①K928.626-49

中国版本图书馆 CIP 数据核字（2022）第 168335 号

LINGCAO JIAMU
（陪孩子读山海经）

出版发行：中国少年儿童新闻出版总社 中国少年兒童出版社

出版人：孙 柱
执行出版人：马兴民

策划编辑：史 钰　　责任校对：杨 雪
责任编辑：史 钰　　责任印务：厉 静
美术编辑：王点点

社址：北京市朝阳区建国门外大街丙 12 号　　邮政编码：100022
编辑部：010-57526318　　总编室：010-57526070
发行部：010-57526568　　官方网址：www.ccppg.cn

印刷：北京利丰雅高长城印刷有限公司

开本：889mm × 1194mm　1／12　　印张：8
版次：2022 年 10 月第 1 版　　印次：2022 年 10 月北京第 1 次印刷
印数：1-5000 册

ISBN 978-7-5148-7671-0　　定价：79.80 元

图书出版质量投诉电话 010-57526069，电子邮箱：cbzlts@ccppg.com.cn